道德讲坛

职业道德

◎ 韩孝勇 著

U0870889

海峡出版发行集团
THE STRAITS PUBLISHING & DISTRIBUTING GROUP
福建美术出版社

图书在版编目（CIP）数据

职业道德 / 韩孝勇著. -- 福州 : 福建美术出版社，2016.12
（道德讲坛）
ISBN 978-7-5393-3271-0

Ⅰ. ①职… Ⅱ. ①韩… Ⅲ. ①职业道德－品德教育－中国 Ⅳ. ① D648.1

中国版本图书馆 CIP 数据核字 (2016) 第 322254 号

出 版 人：郭　武
责任编辑：张小芹　陈　艳
出版发行：海峡出版发行集团
　　　　　福建美术出版社
社　　址：福州市东水路 76 号 16 层
邮　　编：350001
网　　址：http://www.fjmscbs.com
服务热线：0591-87620820（发行部）　87533718（总编办）
经　　销：福建新华发行（集团）有限责任公司
印　　刷：福州华悦印务有限公司
开　　本：889 毫米 ×1194 毫米　1/32
印　　张：2.5
版　　次：2016 年 12 月第 1 版
印　　次：2016 年 12 月第 1 次印刷
书　　号：ISBN 978-7-5393-3271-0
定　　价：22.00 元

韩孝勇，笔名韩志天，八〇后诗人、作家、国学老师。

福建省作家协会会员。

福州公交车电视节目国学脱口秀《诗人学堂》主创、主持人。

主要作品：《不二情诗——每天写首情诗给你》（2016年10月由福建美术出版社出版）

一生的理想：为往圣继绝学！

目 录

职者，志也

职者，智也

职者，道也

职者，德也

职者，志也

光荣与梦想

——没有远方，从何出发

无论从事何种职业，服务于何种机构，抑或是自由职业，若要实现个人价值的光荣绽放，需有一个前提条件，那就是“梦想”。

职业的追求如果仅仅是高薪、高职位、高资历，那么，等到暮年“退役”的时候，难免会有些许遗憾。在职场，个人的价值往往是通过个人之外的价值实现的。

“诗圣”，中国人都知道，他叫杜甫。然而，许多人不知道，杜甫终其一生苦苦追寻的梦想并非诗歌艺术，诗歌只是他的一种情感寄托和实现梦想的方式。他毕生的心血都倾注于自己的政治抱负，也就是今天说的职业理想。

中国古代的职业领域大约可以分为四类：士农工商。《春秋·谷梁传》中写道：“古者立国家，百官具，农工皆有所职以事上。古者有四民，有士民，有商民，有农民，有工民。”《管子》中也有相似的记载。

商在先秦排在农的前面，而后世王朝重农抑商，就把农的地位提前了。唐宋以降，因为经济的发展、职业种类的丰富，便有了“三教九流”之说。但无论怎么表述和排序，“士”始终稳坐第一把交椅。

杜甫的职业就是“士”。“士”不是指武士和士兵，而是主

要代指读书人：儒士，文士，士大丈。“士”的工作是“仕”，即“做官”。所以，在古代，读书人的职业生涯叫做“仕途”，读书人的职场叫作“官场”。

孔子曰：“学而优则仕，仕而优则学。”“仕途”，是读书人成就自己的必由之路。除了门第世袭之外，春秋战国，读书人做官主要靠游说自荐（门客、策士等），秦汉魏晋主要靠举荐选拔（举孝廉、九品中正等），隋唐宋明清则是以科举考试为主要方式了。

杜甫的仕途是相当不顺的。考进士屡试不第。天宝六年的那一次，落榜的原因居然是当时的权相李林甫搞了一出闹剧。闹剧的名字叫“野无遗贤”。坏事做得太多的李林甫唯恐四面涌来的读书人在登科之后觐见皇帝时会揭发自己的罪行、说自己的坏话，于是就向唐玄宗汇报说：“恭喜皇上，这次来赶考的士人水平都不行，而该来的都来了，所以说，朝廷之外已经没有剩余的贤人了。”言下之意，圣明至极的唐玄宗已经把人才用尽了。马屁拍得震天响，唐玄宗很高兴，连篇鬼话照单全收。就这样，所有应考者集体失落。坏蛋很离谱，杜甫很无奈。然而，他没有放弃他的“光荣与梦想”。

科举之路堵塞，杜甫便用诗文来寻觅他的“远方”。大概长达十年独自客居长安的时间，他不断地向权门投诗，并找机会为皇帝献上歌功颂德的文章（如《大礼赋》），希望获得做官的可能性。可是，那样的时代，诗词文章不过是统治者粉饰太平的工具，文学大师如杜甫李白在帝王权臣的眼里相当于戏子伶人，他们不会在乎诗人的“职业诉求”（政治理想）。

漫长的十年，杜甫没有磨成自己的理想之剑，数不清的诗篇未能敲开仕途的大门。此后，“安史”作乱，天下动荡，杜甫辗转流离，与他的“远方”渐行渐远。

杜甫的人生一直被痛苦、失意缠绕着，一些简单的诗句把他的顿挫忧郁表现得淋漓尽致：“艰难苦恨繁霜鬓，潦倒新停浊酒杯”（《登高》），“出师未捷身先死，长使英雄泪满襟”（《蜀相》）。

杜甫的悲哀并不是没能做上高官、骑上大马、坐拥富贵，而是报国无门、怀才不遇、壮志难酬。在这种巨大的压抑感、挫折感和焦虑感之中，杜甫那颗初心至死不渝。

杜甫的初心是什么呢？

“致君尧舜上，再使风俗淳。”

革故鼎新，移风易俗，为生民立命，为天地立心，做辅佐明君建功立业的一代名臣，这就是杜甫孜孜以求的“职业理想”，一个文弱书生的光荣与梦想。

尽管杜甫心中的梦想之花未曾光荣绽放，但那些因为“职业理想”而诞生的诗歌却给他短暂的生命带来了另一种光荣。如果杜甫不具备远大的政治抱负并始终坚持，那么，伟大的诗史恐怕也无从谈起。

“国家不幸诗家幸”，“东边日出西边雨”，一个人的职业生涯必先树立职业理想，纵使最终未能如愿，人生也会有另一番风景。

所以说，职业理想可谓职业道德的一项重要基础。讲一句不太合乎逻辑的话：没有远方，从何出发？

热　爱

——好官是怎样炼成的

恋爱，一般情况是三部曲，首先，确立爱情的理想，然后，找到能承载这种理想的人，再然后，放手去爱。

职业，亦如是。而热爱最重要。若不热爱，所谓“理想”就是画饼充饥。若能热爱，即使现实与理想相距甚远，也可以别有幸福滋味在心头。

职场中，有许多人把“热爱”挂在嘴边，有许多人则说都懒得说。君不见，“爱岗敬业”往往是刷在墙上的红色标语。为什么？因为人有惰性。爱着爱着就觉得没劲了。

承受着岁月和生活的消磨，如何对日渐枯燥的工作爱而不倦呢？唯一的办法，激情燃烧，坚持不懈，不断地提升自己的“职业审美能力”。没了激情，没了坚持，又谈何热爱呢？

古代职场的劳模，叫作“好官”。在古代，官场是最大的职场，做一个好官，不但是士人的职业追求，更是他们的职业道德。

然而，好官不易做。许许多多热血青年刚刚踏上仕途的时候，都是满怀着对工作深深的热爱，全身心地履行自己的职责，可是时日一长、职位渐高，面对各种诱惑和各种损耗，便开始从韧劲十足的野草变成了老油条，甚至是大仓鼠。著名的“天下第一贪”和珅和大人就是这样一点点滑入罪恶渊薮的。

大人请笑纳
好好好

和珅最初被乾隆皇帝从一大堆平庸的奴才中挖掘出来的时候，他看自己的工作是觉得很美好的。他初期的主要工作，一项是做皇帝的高参，另一项则是“铲奸除恶”。想象不到吧，“大贪官”竟然是“反贪斗士”出身。也就是说，最开始，和珅是乐于做一个疾恶如仇的“好官”的。也许，因为接触的丑恶越来越多，他渐渐怀疑起自己尽职尽责的人生，终于，他撕下了那张原本看起来很美的“好官”的脸。为何贪？为何奸？因为迷失了应有的那份热爱。

“好官”在史书里被称为循吏或者良吏。堪当这些名号的人，他们的清廉和勤勉是始终如一的，他们对本职工作的热爱是至死不渝的。

中央电视台有一部热播的历史剧，叫作《于成龙》。于成龙是清朝康熙年间的一位名臣，以勤政著称，被皇帝表彰为百官楷模。为什么一个官员在君主集权的社会里能够勤政忘我？因为热爱。爱脚下的土地，爱眼中的百姓，爱心上的国家，而为天下和黎民服务，正是为官者的工作主题。爱的力量是无穷大的，爱一个人，有人愿意为之倾尽所有，爱一份工作，有人愿意为之奉献一切。爱无止境，奉献即无止境。于成龙便是因为这样的爱，才获得了源源不断的工作动力。我们才能在史书和电视剧里头看见于成龙在随风摇曳的昏暗烛火下埋头案牍、孜孜不倦的身影。

因为热爱，于成龙宁可杀身成仁，也要以文弱之躯身先士卒，与恶匪决战，保一境平安；因为热爱，于成龙宵衣旰食、甚至废寝忘食，悉心探究治理之道，并深入百姓之中去践行他的理想，让情怀落地。

康熙二十三年，六十七岁的于成龙溘然长逝，卒于两江总督任上。虽是因病，但百姓却忧伤心痛地说，他是累死的。一辈子如一日地刻苦奉公，积劳成疾是难免的。呕心沥血，披肝沥胆，于成龙始终无怨无悔。自古以来，官若为民，民必爱官。所以，于成龙离世以后，人民自发地聚在一起祭祀他。如果于大人在天有灵必定会感到欣慰，因为热爱，不枉此生。

热爱，是一个人努力工作的基础。倘若不能热爱，就很容易心猿意马。

热爱工作者，专心致志。

担　当

——读书人精神

不少新潮的历史学者和作家喜欢把中国古代的朝廷比作公司，把皇帝比作董事长，把皇室宗亲、外戚、极少数太监和功臣比作董事局成员，进而把宰相视为总经理，把百官视为大大小小的职业经理人，这样的譬喻或许是不合适的。首先，古代不存在市场经济，其次，官员不会把老百姓当成上帝一般的客户，他们被政治规则的设计者们定位为百姓的“父母官”。可是，现代的职业人和古代的官吏们在精神层面上是应该具有相当的一致性的，绝非两个世界的人，比如，应该具备同样的士人精神，或曰读书人精神——担当。

所谓“担当”，是指无论何种职位、无论有无职位，在一个机构里都应拥有以下素质：勇于任事，当仁不让，不畏风险，不忌流言，尽心尽力，尽职尽责。

宋朝和明朝各有一位著名的“打工皇帝”，年龄相差几百岁的他们做了一项相似的大事业，惊天地，泣鬼神，史称“王安石变法”和“张居正改革”。王安石推行方田均税法，张居正推行一条鞭法，内容上都包含重新丈量全国土地，具有抑强扶弱、损有余补不足的性质，因此得罪了大量的既得利益者，有地主，有豪强，有官僚，有太监，还有皇帝的各路亲房好友。而王安石改

革科举、整顿太学、唯才举官，张居正创制“考成法”、对官员实行全新的严格的考核铨选，又都大范围地和那些不太想靠真本事上位的同事们“化友为敌”。尽管王安石和张居正都身居高位，但改革的举措一朝落地，反对攻讦之声此起彼伏、不绝于耳，各种势力酝酿着恐怖的反扑行动，一时间，波谲云诡，暗流汹涌。

王安石、张居正必然对“高处不胜寒”深有体会，然而他们却没有畏首畏尾、投鼠忌器。虽然如履薄冰，却不曾战战兢兢。心存大义，故而心无所惧；胸怀理想，故而胸胆俱张。站在风口浪尖的他们，誓要紧握乾坤旋转。王安石说“不畏浮云遮望眼，只缘身在最高层”，张居正说“以藐然之躯横当天下之变”。

王安石、张居正都是对历史烂熟于心的学者型宰相，他们都清楚自古以来变法图强者身败名裂的风险极大，比如，悲催的商鞅同志，改革取得巨大成功，自己却被五马分尸。然而，他们甘冒天下人之大不韪，因为他们相信，自己的努力终将有利于天下人。

“虽千万人，吾往矣”，这就是担当。

诚然，王安石和张居正的结局并不算好。王安石三次罢相，改革方案和措施被以司马光为代表的保守派全盘否定、全面废止，望洋兴叹，抑郁而终。张居正则在死后遭到史上最牛罢工老板万历皇帝的反攻倒算，抄家鞭尸，殃及子孙。但是，他们的改革既给当时的百姓带来了实惠，也为后人留下了一笔巨大的精神财富。晚清时代，当中国遭遇“前所未有之变局”的时候，“师夷长技以制夷”的洋务派（曾国藩、李鸿章、左宗棠、张之洞），“鼓民力、开民智、新民德”的维新派（康有为、梁启超、谭嗣同），他们在惊涛骇然之中击水中流、力挽狂澜，无不以王安石、张居正等人为精神导师。

担当，往往是临危受命。不仅改革变法者如此，突逢剧变者更如此，山人诸葛亮是典型的例子。白帝城托孤，诸葛亮从奄奄一息的刘备那里接过来的可不是一片无风无雨的锦绣河山，而是一个山雨欲来风满楼的巨形烂摊子。诸葛亮担当了，这才有“安居平五路”和“六出祁山”的传奇故事。大家都说，诸葛亮活得很累，南征北伐，没完没了，工作中事无巨细必躬亲，最后忧劳而死。假设他贪图享受逸乐，像历史上的诸多权臣一样，也许还能很长寿。然而，诸葛亮偏不。诸葛亮之所以成为诸葛亮，不仅是因为他有奇谋妙计，更是因为他有一种让世人折服的精神——担当。

需要强调的是，担当的品质绝非是在危局之中才需要具备，也绝非是位高权重者的专利产品。王阳明弹劾极品太监刘瑾时不过是五品兵部主事，海瑞痛骂极品皇帝嘉靖时不过是五品户部主事，正可谓“有志不怕年高，担当不怕官小”，正可谓“苟利国家生死以，岂因祸福避趋之”。

现代的职场，也许是个人意识的过度觉醒的缘故，也许是人们的注意力高度集中在了房子和车子之上的缘故，缺梦想，缺热爱，更缺担当。

殊不知，有着两千年历史的“勇于担当”的读书人精神是现代社会不可或缺的职业道德。

敬　业

——钻研是必需的

2016年新春佳节，支付宝公司发起了一项名为“集五福”的活动，其中的一个“福”叫“敬业福”。显然，敬业能为个人的生活和家庭带来福祉。敬业，是中华民族一种极其重要的优良传统。

怎样才叫敬业？

首先要刻苦钻研。

尽职的工作不能离开钻研。提升业务技能和职业素养，不是光靠周一到周五按部就班、循环往复的机械式操作就可以做到的，要以学者的精神对待工作。

大家都知道，马儿跑得好，必须多吃草，然而，人们对“草”的理解往往是薪资待遇。其实，工作是实现个人价值的必由之路。所以，深谙此道的职场人都善于做一件事情，那就是“充电”。参加各种职业技能培训班、修读MBA工商管理硕士等等是一种方式，搜罗各类相关案例和专业书籍又是一种方式。

在古代，皇帝是风险极高的工种。开明的帝王都清楚所谓“君主”其实是一份吃力未必讨好的工作，必须有极强的忧患意识，倘若不能很好地掌握帝王的工作之道，就约等于给自己或子孙掘坟墓。这样的案例有很多，惨淡淡，血淋淋。

彻底颠覆大唐王朝、打开五代十国潘多拉魔盒的人名叫朱温。朱温和他的儿子们做了皇帝之后都不务正业，骄奢淫逸，祸起萧墙，子弑父，弟弑兄，没过多久，国破家亡。而灭掉他们的后唐庄宗李存勖也好不到哪里去，沉迷演戏，宠信伶人。这些家伙当上皇帝都不容易，但他们太不把治国当工作，对业务基本不钻研，丝毫没有敬业的精神。

明朝的皇帝绝大多数是不敬业的，这与清朝的情况形成了颇为鲜明的反差。业精于勤，荒于嬉。朱元璋的子孙个个个性十足，热衷于游戏人生，比如，正德皇帝迷恋旅游，嘉靖皇帝迷恋修道，天启皇帝迷恋木工。

明朝皇帝群以旷工怠政闻名于世，而清朝皇帝则以爱岗敬业的传统赢得了后世的尊重——提前上班，推迟下班，节假日疯狂加班，热爱学习，喜欢钻研。

清朝的皇帝们钻研业务的方式主要是这么几种：批奏折，开廷筵，研读圣贤书。

批奏折。明朝皇帝大多把这项烦琐的工作交给太监去做，打个钩，画个圈，心血来潮骂上两句，而清朝皇帝基本上是亲力亲为，并且非常认真，不辞辛劳。他们把在奏章上做批示当成了和大臣们交笔友，时常苦口婆心地教导官员们好好工作天天向上，也时常和官员们切磋探讨治国之道，偶尔还开开玩笑、彰显彰显自己的个性。比如，雍正皇帝曾在一份奏折上批道："朕就是这样汉子"。

据统计，雍正在位十三年，在奏折上的批红高达一千万字，此外，他还写有各种与治国相关的论著，据说有五百多万字。我们也可以做一道算术题，算算他每天平均要写多少字。单单批奏

折这一项工作，雍正皇帝可谓是“夙兴夜寐，呕心沥血”的典范了。

开廷筵，又称开经筵。经筵，是指帝王为研经论史而开设的御前讲席，可以理解为皇帝为自己特意安排的MBA班，不过学习的不是工商管理，而是政治管理。这一制度虽始于汉朝，为唐宋元明诸朝沿袭，但断断续续，更成为一种形式，讲课的翰林学士宛如花瓶，皇帝在课上发呆打瞌睡是常态，能来报到就很不错了。从清朝顺治皇帝开始，经筵一直“真枪实弹”地持续着，大臣很严肃，皇帝很认真。到咸丰帝最后一次举办经筵，历时两百余年。

明智的帝王都知道自己的宝座并非与生俱来的，能上也能下，所以，做“老板”是一份必须认真对待的工作。心存敬畏，钻研不怠。

除刻苦钻研、勤勉奋斗之外，中国人的敬业品德，还有一项内容不得不提，那就是公而忘私、舍身忘我。

大禹治水十三年三过家门而不入。

诸葛亮终其一生鞠躬尽瘁、死而后已。

职者，智也

智者乐水
——动的智慧

《论语·雍也》中说：“仁者乐山，智者乐水。”

为什么说“智者乐水”呢？因为“智者动”。智慧的人像水一样，活泼灵动，四处流通，无孔不入，左右逢源，如此怎能不快乐呢？

《韩非子》中说：“流水不腐，户枢不蠹。”虽是法家理论，讲的也是“智者动”的道理。

现代社会，人们的健康意识越来越强，“生命在于运动”，成了大家的口头禅。

人不是乌龟，趴着不动，不仅不会长寿，还可能百病丛生。人之于工作，也是这样。

诸葛亮说：“非宁静无以致远”，说的是修心之法，宜静不宜动。而人在职业生涯中的成长，则宜动不宜静。诸葛亮干工作不正是如此，七擒孟获，六出祁山，“动”得很厉害。尽管诸葛亮“好动”，在现代学术界存在争议，但其积极有为的优秀职业品德则是上千年来无人置疑的。

自古以来，儒家的思想都引导读书人入仕为官。为何要做官？并不是做了官就有颜如玉和黄金屋，而是身入庙堂才能为民做主，才能治国平天下。所以，为官者一定要“动”起来，也就是我们常说的有所作为和勤于实践。不作为的官叫懒政、惰政，一旦出

了事，朝廷就以玩忽职守罪查办，是要杀头的——确实不如回家卖红薯。

中国古代有一个漫长的时期，高级官员集体“瘫痪”，那个暗无天日的时代叫魏晋南北朝。特别是偏安于大好江南的汉家王朝，东晋和宋齐梁陈，中上层的官员基本上是门阀世袭，也就是现在说的“官二代”“官N代”，这些家伙崇拜老庄哲学，重清谈，尚无为，国家危难，却坐而论道，身居要津，却啥也不干。他们中的大多数人，只是把老子和庄子清静无为的思想当作自己尽享荣华、懒于任事的借口。他们一点也不淡泊，反而极尽奢靡之能事，甚至荒淫到了令人发指的地步。因为长期不“动”，南方的士大夫们弱不禁风，且不必说上马征战、保家卫国，就连走路也要侍女搀扶。有如此这般的官僚集团，江山社稷怎能不风雨飘摇？所以，陈朝的时候，时任隋朝兵马大元帅的隋炀帝杨广轻而易举地拿下了江南。

当然，主张清静无为的士大夫并非完全不关心自己的工作，也有不少志存高远、心怀忧患的社会精英，例如在淝水之战中一边下棋一边遥控指挥的东晋名相谢安。但是，他们重玄谈，轻实际，重谋划，轻执行，务虚不务实。梦想不能落地，永远只是梦想。俗话说，讲得好，不如做得好。

淝水之战，北方前秦的皇帝苻坚率几十万大军南下，号称投鞭断流，东晋的士大夫们诚惶诚恐，都把希望寄托在谢安的身上。其实，谢安也没有什么办法，他只有故作淡定以稳定人心。谢安不懂军事，连纸上谈兵也做不到。大兵压境，束手无策，这都是士大夫集团平日里不作为、不务实的结果。幸好，谢安选对了人。谢安把先锋的任务交给了他的小儿辈——侄子谢玄，然后自己躲在乡村的别墅里和客人围棋赌墅，表面上悠然镇静，心底说不定怎么翻江倒海呢。

虽然淝水之战最终以东晋大获全胜、苻坚落荒而逃拉下帷幕，但这场胜利很大程度上非战之功，是一次意外的险胜。苻坚不管在哪个方面都有压倒性的优势，之所以战局出现戏剧性的变化，主要是因为苻坚阵营内部的问题。也许可以这么说，如果不是符氏自乱，谢安恐怕不仅做不成靖难名臣，还很有可能成为亡国宰相。

尽管谢安这个人物有许多值得现代职场人学习借鉴的优点，譬如，他突临大事时的静气，他顾全大局的胸怀，他高卧东山的闲适。然而，纵观谢安一生，虽有辅弼君王、团结百官之功，却没有什么大的建树，既未改善民生，也未整肃吏治，东晋并没有因为文人当权而走上中兴之路。

谢安石（谢安字安石）不是王安石，也不是张居正，他或许并不匮乏政治宏图，但他的行动力是欠缺的。显然，谢安不是一个真正的智者。

无为误己，空谈误国。若要做好一份工作，就要有细水长流的意识，把思想付诸行动。

王阳明说的知行合一正是如此。人生要走出去，工作要动起来。

百炼钢不如绕指柔

——柔的智慧

老子的《道德经》里说："上善若水"，因为天下柔弱者莫过于水，而柔弱胜刚强，"柔弱者道之用也"。

中华民族传承不衰的职业道德里，有两种优秀品质是职场人应该同时具备的：一个是对工作原则的持守，这是刚的智慧；一个是像水一样做人，这是柔的智慧。

不管工种如何高端、职位如何高级，都要有一颗虚怀若谷之心。彬彬有礼，落落大方，无论对上级、对下级，还是对同袍、对竞争者，都是表里如一的谦和而大气，西方称此为绅士风度，中国古代称此为君子风范。

西汉末年的王莽在篡汉自代之前，人们都夸他是谦谦君子，所谓"王莽谦恭未篡时"，而当他改制失败、身首异处，大家就认为他是伪君子。其实，客观地说，王莽升职记的确是一部君子的成长史。王莽无论官居何职都一直宛如水一般以卑下自处，待人以诚，接物以敬，见了谁都弯腰行礼，从不因官高而傲慢，从不因权重而骄横，终于凭借他自创的"王氏柔道"赢得了巨大的名声，征服了天下人心，兵不血刃地夺取了汉朝两百多年的江山。

人们只知道武则天是唯一的女皇帝，却不知道王莽是中国古代唯一一个以读书人的身份登上权力巅峰、改朝换代的皇帝。也

许是书生意气太重，坐上皇位手握乾坤就再也憋不住了，王莽急于实现自己的政治理想，迫切地推动诸多不切实际的改制措施，无知无畏，刚愎自用，妄图以强权拯救世界，结果，天下大乱，盗贼蜂起。其实，从改制的政策内容来看，王莽是一个心忧天下、满怀理想的人。王莽的理想是美好的，比如，废除奴隶制度，《楚乔传》中楚乔誓死捍卫的那个信念不就是“释奴止戈”吗？比如，重新分配土地资源，这是千千万万劳苦大众心向往之的。再比如，恢复西周时期的典章制度，这可是孔夫子终其一生孜孜以求的梦想。然而，现实是残酷的。

王莽改制不仅脱离了西汉末年的社会现实，而且许多措施还非要硬着来。不知道为什么，玩了一辈子“柔道”，打了一辈子“太极”，到了最关键的时候，王莽偏偏以刚为用，自以为是，操之过急。

王莽败亡之后，刘秀草创东汉。为了缓和阶级矛盾，刘秀实际上完成了王莽部分的改革理想，最明显的，是释放奴隶。为什么刘秀能做到呢？答案很简单：柔弱为用，迂回为计。

所以，在工作中，有很多时候，百炼钢不如绕指柔。

虽然说，柔是一种智慧，但是，古人云“至刚易折，至柔则邪”，所以，刚柔并济才是最好的。

从事一项职业，既要坚守规则，也要灵活变通。《论语》说，“和而知权变”。在法律和职业道德的框架内，把工作做好，才是最重要的。

虚怀谦和，知进知退，能屈能伸，即是工作中的“柔道”。

匠人精神

——“庸”的智慧

现代人对中国古代的“中庸之道”存在着一种普遍的误读，常常把它等同于“犬儒主义”和“折中主义”，并以此来嘲讽在职业道路上庸懦无为、畏首畏尾的人。然而，“中庸”又怎会是平庸呢？

中国历史上大有作为的人，往往是“中庸之道”的铁杆粉丝，比如宋朝开国皇帝赵匡胤。

“中庸”究竟是什么意思？

《中庸》说：“不偏谓之中，不易谓之庸。”中和庸是两个意思，是一个大问题的两个大方面：不偏，不易。

不偏，很好理解，做人做事都要有一定的标准。这个标准叫作“度”，即孔夫子说的“无过无不及”，既不能达不到要求、敷衍了事，也不能把事情做得太过头。我们常说把握分寸、把握尺度，就是这不偏的道理。当然，唯胸怀广大者，方可伸屈有度、张弛有度、俯仰有度、进退有度、开合有度。古人云：致中和，无度无中哪有和？

不易，不是不说不容易，而是指不改变。易容术的易即是改变的意思。那么，不改变什么呢？固执己见、食古不化吗？当然不是！庸之道，希望人们不改理想、信念和原则。它要求人们去坚守。

查良镛给自己安个笔名叫金庸，一来是玩文字游戏，把镛字一拆为二，二来则是取“不易谓之庸”的坚守之意。所以，我们也可以快乐地叫他“金不易”或者“金坚守”。

如果我们阅读金庸的小说时，足够细心的话，会轻易地发现，金庸笔下那些英雄主角身上都有一种一以贯之的精神品质，那就是以天下为己任，所谓“侠之大者，为国为民。”郭靖、张无忌、袁承志、萧峰，无一不如此，就连玩世不恭、特立独行的杨过杨大侠也在等待小龙女的十六年中用除暴安良来打发寂寞。所以，金庸武侠的故事背景几乎都设定在乱世，因为烈火炼真金、板荡见英雄。这是金庸的智慧，也是金庸的理想。

飞雪连天射白鹿，笑书神侠倚碧鸳。几十载春秋，十五部小说，皇皇巨著，呕心沥血，金庸都是在坚守着一个中华民族历经两千年沧桑而不衰的理念，一字曰义。

或许可以这么说，如果没有这样的坚守，金庸小说恐怕也像现今诸多网络小说一样，尽管红极一时没问题，却终究会变成明日黄花，为人们所遗忘。《特工皇妃楚乔传》改编成电视剧后大受欢迎，不单单是因为其构思精巧、情节跌宕、人物可爱，更重要的原因是主人公被放大的释奴止戈的理想追求和不屈于现实的抗争精神。楚乔，一个微如尘埃的奴隶，作者却赋予了她大侠之义，加上命途多舛，牵动了无数观众埋在心底的急公好义之思。

庸为不易，不易为坚守。坚守，不但是一种品德，也是一种智慧，特别是在工作中对自己创作理念的坚守。其实，每一份工作都是在创作，非独作家、导演、编剧而已。比如，建筑师的工作，当年埃菲尔铁塔的设计者埃菲尔先生在他的建筑生命之中始终坚持着建筑从土木中脱离的理念，这才有了高耸于欧洲天地间的钢铁奇迹，而他在其后设计的自由女神像也是这种理念的造物。比如，医药研究者的工作，2015 年荣获诺贝尔奖生理学或医学奖的屠呦呦女士，如果没有始终如一的对传统中医理念的坚守，又如

何能历经三百八十余次的失败而最终发现震惊世界的青蒿素呢？也许会有别人发现，但那就是概率的问题了。

日本人生产的电器、汽车乃至马桶盖，其技术虽有许多从欧美舶来，但是设计师和制造者们的客户至上、精益求精、容不得一点瑕疵的工作理念造就了享誉世界的日本制造。

近几年，人们时常提到匠人精神，喜爱以匠心独运这样的成语来夸奖好的产品。何谓匠人？何谓匠心？总体而言，无非一句话：确立一种创作的理念，然后，去坚守它，把作品做到极致。这也就是庸的真义。

古时候有一个叫蔡伦的，他是东汉和帝的皇后邓绥的贴身太监。作为一名宦官，能够被载入史册，而且写进了现代的中小学课本，自有其独到之处。而他的独到之处就是他在宦官的职业道路上恪尽职守、匠心独运。宦官是服务行业，他们的客户是皇帝和皇家人。蔡伦很清楚自己的工作职责，是服务好热爱文艺的女青年皇后邓绥。为了让邓绥能更好地发挥写作天赋，蔡伦尽心尽力、宵衣旰食地改良造纸之术。只要工夫下得深，铁杵也能磨成针，日月流转，蔡伦终于研制出了当时最漂亮、最好用的纸品。蔡伦对匠心的坚守，不仅赢得了潮水般的好评，更因造福后世而名垂青史。

《中庸》里又说：极广大而尽精微，极高明而道中庸。中为从容有度而至广大，庸为坚守匠心而至精微。中和庸的无缝对接，就成了中国极高明的传统智慧。

他山之石

——外的智慧

人，无论身体、生活还是职业，都有内外之分，而内与外是要合一的。人生，便是由内而外、又由外而内的循环。人生的最高境界是内外兼得，若要达到此境界，就需内外兼修。

近几年，随着经济的高速发展，人们对修身养性愈发重视。曾经被国人淡忘却风靡日韩诸国的王阳明心学开始回归，“相信自己”蔚然成风。人们越来越在意向内求索，却一不留神关起了自己的心门，因内而忘外。

故步自封，自以为是，这并不是王阳明的智慧。内心的开发，不能闭门造车，要改革，就要开放。努力向内的同时，积极向外，以内启外，以外助内。

《诗经》说：他山之石，可以攻玉。翻译成白话诗是：别人山上石头多，可以拿来琢成玉。若用一个字来概括就是：借。

工作中，往往是不借不行。借什么？大多数人借钱、借力、借势、借资源，然而，这些不是最重要的他山之石，最关键的是思想。

为什么唐太宗在魏徵面前乖乖听话、彬彬有礼？并不是因为魏徵拥有无上的智慧，说什么都对，而是李世民明白谏臣是帝王的铜镜，他能够从魏徵那张得理不饶人的秀口里获得修炼帝王心的各种思想。唯有虚怀若谷，方能胸怀天下、手握乾坤。

汉高祖刘邦自己也承认，他是一个文不能治国、武不能安邦的俗人。然而，他擅长一件事，那便是借用别人的思想打造他的刘氏帝王智慧。他以萧何、张良、韩信、陈平、樊哙、吕后为师，只要是有利于帝王事业的谏言，他都是会接纳的。项羽摆鸿门宴之前，刘邦先入关中，一踏进金碧辉煌的阿房宫，那么多财货古玩，那么多淑女美人，那么多画栋雕栏，他看得眼花缭乱，赖着不肯走，想好好地享受一把。樊哙和张良一起劝他，你是要得富贵，还是得天下？他恍然大悟。于是，财货无所取，妇女无所幸，与关中百姓约法三章，让天下人看到了一个和荒淫的胡亥、残暴的项羽都不一样的未来君王。

刘邦生于草莽，以四十八岁的高龄率领一伙亡命之徒在茫砀山斩白蛇起义，仅仅用了七年的时间就一统江山、登上皇帝宝座。他没有什么文化，又不爱读书，约等于文盲，却实现所有读书人的梦想：治国平天下。奇迹发生的道理很简单：自己啥也不懂，那就借别人的脑袋。

楚汉战争中本不该失败的项羽，和刘邦恰恰相反。他的自取灭亡，原因有很多。韩信说他妇人之仁，意思是心太软；范增说他庶子不足与谋，意思是太年轻；诸葛亮说他不义，意思是不得人心；苏东坡说他不能忍，意思是滥用武力征伐过度。这些分析固然都符合史实也很有道理，然而，在众多对楚霸王的解读之中，有两个人的眼光最毒，一个是为项羽作传的司马迁，另一个就是项羽的死敌刘邦。司马迁说，项羽自矜功伐，奋其私智而不师古，意思是项羽过分自信和傲慢，一味地依靠自己的武力和智力，不向古人学习，不吸取历史教训；刘邦说，项羽有一范增而不能用，意思是项羽身边其实是有大师级人物的，但出于各种心理问题，不能借助他们的力量和智慧。假设，项羽肯像唐宗宋祖甚至朱元璋那样虚心纳谏、广用人才，他身上的其他毛病也许可以被克服，

财货无所取
谢大王
你们回家吧
约法三章
真是好皇帝
这下我们有好日子了

那么，楚汉争霸鹿死谁手也未可知。

在工作中，借用他人思想之石而攻自己智慧之玉的方式有很多种，一是多看新闻多读书，二是向同事和领导学习，三是借鉴竞争对手的工作方法。为自己树立现实世界和虚拟世界的双重榜样，虚心，耐心，细心，无论身在哪行、身居何职，都要学无止境、借无止境。

王阳明说，吾性自足，不假外求，那是针对人的良知而言。王阳明和朱熹的区别，在于前者侧重内在的修为、后者侧重外在的完善。但是，王阳明并不否认向外求知、听取他人见解和借取他人的思想的重要性。

懂得向外求索的人，才能让自己心灵的羽翼丰满起来。如此，职业生命才能充满活力。

有一句话说得很有意思，工作的事，白天向外，晚上向内。

职者，道也

尽己之心

——忠之道

许多人说岳飞之死是因为愚忠，却不知道这个愚字从何说起。岳飞的悲剧是时代的悲哀。岳飞固然不是完人，他有自己的局限，但他的忠心本身没有问题，因为他所忠于并不是皇帝一人，而是整个民族和国家。

宋高宗十二道金牌火急火燎地召回岳飞时，其杀机并未显现，而且，彼时的岳家军虽然取得郾城大胜，但也付出了很大的牺牲，朝廷不给援兵，战再打下去，就有失败的危险。加上皇帝催得急，将在外，君命有所不受，并没有实际的意义。所以，岳飞听令班师回朝，不是愚忠，而是通盘考虑、顾全大局。

岳飞在北伐的时候，打出“迎二圣”的旗号，后世有学者指出这是不懂得揣摩领导心理、缺乏职场智慧的表现。当时南宋的皇帝是赵构，岳飞要迎回的二圣是他的爸爸和哥哥，他们之前都是皇帝，如果回到皇宫，赵构这个小辈将何以自处？所以，岳飞的激情等同于在赵构的心底埋下了一棵刺，也为后来岳飞的冤案埋下了伏笔。这样的分析基于史实，但是如果因此给岳飞贴上愚忠的标签，未免偏颇。岳飞的做法只是尽己之心而已。

何谓“忠”？

自古以来，人们，特别是读书人，对这个字存在一定的曲解，认为忠就是对皇帝对朝廷的贞洁不二和死心塌地，于是，就产生了“君要臣死，臣不得不死”的愚忠。当然，这是唐宋以后君主集权不断加强的缘故。其实，读书人的大宗师孔夫子对忠之道的解释很简单，四个字：尽己之心。

中国第一部字典、东汉许慎的《说文解字》也说：尽心曰忠。

所以，忠的本来面目、正确解释是：为本职工作尽心尽力就好，其他的不用多想。

尽了自己的心，哪怕后面改换门庭，也不叫不忠。

飞将军李广的孙子李陵在兵败后投降了匈奴，汉武帝认为他不忠，杀了他在长安的全家人，连他的妻族母族都不放过。可谓是千古奇冤。李陵为朝廷是尽了心力的，在大漠孤军奋战，以五千步兵对抗匈奴八万人马，披肝沥胆，冲锋陷阵，苦战八天八夜，战至最后一兵一卒，万不得已才下马投降，本想先保住性命，以图将来东山再起、报效国家。而汉武帝不分青红皂白、轻信李陵为匈奴练兵的讹传，对无辜的李氏全族痛下杀手，逼使李陵真正地倒向了匈奴，成了匈奴的驸马爷和右校王，并掌管匈奴的一个部落。

李陵兵败，汉家朝廷和匈奴对他截然不同的态度，实在让人感慨。匈奴尊重他、厚待他，也就难怪他为匈奴服务，宁可老死沙漠，也不愿应霍光之邀返回长安。

顺带说一句，李陵比起明清之际的洪承畴和吴三桂来讲是比较厚道的，至少他没有对同胞举起屠刀，虽然汉家天子和他又有夷灭三族的血海深仇。

司马迁会向汉武帝直言进谏，为李陵打抱不平，就是因为他理解李陵，知道这位名将的后代已然为国家尽忠职守。

忠者，尽己之心而已。

假设关羽降曹之后没有再找刘备，我们也不能指责他不忠，因为他对刘备是尽了心的。他离开曹营也并不是对曹操的不忠和对刘备的愚忠，而是对道义的选择。关羽在曹营期间为曹操斩颜良诛文丑、解白马之围，也是在回报曹操上马金、下马银的厚爱，尽了自己的本分，更何况关羽并没有拿走曹操给予的丰厚待遇，离开之时，挂印封金。所以，曹操看着关羽远去的背影，只能望洋兴叹，非但没有责怪他对自己不忠，反而赞叹他对刘备和汉室的大义。

徐庶就不一样了，身在曹营多年，食人之禄，却不能忠人之事、尽己之心。虽然曹操以徐母作为要挟把徐庶赚进曹营，但之后并没有对他做什么不义之事，而且礼遇有加。后来徐庶是有机会脱离曹操、重回刘备怀抱的，但他怕被天下人耻笑，最终选择留下。留下做谋士，却一言不发，一谋不出，本职工作建树无多，基本上是白领工资好多年，成了东汉末年著名的“白领”。徐庶的智慧并不亚于诸葛亮，诸葛亮还感觉自己不如徐庶，而徐庶因为其特殊的心理，不能忠于本职、发挥天赋大才，光阴虚度，不得不说是历史的遗憾。有人开玩笑说，徐庶一生一件事：走马荐诸葛。

身在曹营心在汉，以现代的职业眼光来看，是不值得赞许推崇的。跳槽是不可耻的，在其位不谋其政是可悲的。

《忠经》里说，忠乃天下之至德，一其心谓之忠。一其心，指的就是在从事某份工作的时候，专心，专注，专一。

忠于职事，是古圣先贤留给我们的一项优秀的职业品德。而在现代的职场，因循怠惰成了不少人职业生命的毒瘤，不仅没有将职业视为事业，还奉行得过且过的懒人哲学，做一天和尚撞一

天钟，耽误的不仅是所在的企业和单位，更是自己的大好年华。

人生有限，工作的时间未占其半，为什么不尽己之心、把本分的工作干到极致呢？白驹过隙的光阴，何不让自己光荣绽放？纵然不能实现梦想，也大可在迟暮之时、耄耋之年俯仰无愧于心，所以，忠之道，何乐而不为？

古人云，忠者尽心，德者尽忠。

忠之道，尽己之心也。

推己及人
——恕之道

弟子问孔子，有没有一句话可以让我终身奉行、一生受益呢？孔子给了他一个字的答案：“恕”，并说：吾道一以贯之。后人称之为“恕道”。

提到“恕”字，我们会马上想到宽恕、饶恕、恕你无罪这些词，然而，儒家的恕道不仅仅是包容宽宥之意。

恕道的主要精神是推己及人。

两方面，一曰己所不欲，勿施于人，二为己欲立而立人，己欲达而达人。前者是后者的思想基础，后者是前者的精神升华。

己所不欲，勿施于人，是说自己不想承受的，不要施加在别人身上，因为一旦做了，对别人造成的伤害，很可能发生在自己身上，民间的说法是因果循环、报应不爽，虽然这么说不太科学，但是历史往往如此。古代有些帝王嗜杀成性，动不动就灭人三族甚至九族，这种苦难最终也常常落到他们自己的头上。曹操的儿子曹丕篡了汉家天下，一脚把汉献帝踹到台阶下，而几十年后，他的孙子被司马懿的孙子篡了位，仿佛是历史重演。

古代学者往往以《大学》和《礼记》里提到的絜矩之道来为恕道做注脚。那么，什么是絜矩之道？

《大学》说：“所恶于上，毋以使下。所恶于下，毋以事上。

所恶于前，毋以先后。所恶于后，毋以从前。所恶于右，毋以交于左。所恶于左，毋以交于右。此之谓絜矩之道。”

这段话的意思是，我的上级把不合理的事情强加在我身上，动不动就对我发脾气、拍桌子，这些是我不喜欢的，那么我就不能以此对待我的下级。我的下级对我阳奉阴违，不尽职责，这些是我所厌恶的，那么我就不能这样对待我的上级。身边的人，都以此类推。这就是君子的絜矩之道，也是恕道中己所不欲勿施于人的内容。所以，东汉大儒郑玄说：“絜矩之道，善持其所有，以恕于人。”

在工作中，明白己所不欲勿施于人的絜矩之道，并将之收藏于心中，时时拿出来提醒自己，检点对待上级下级和同级的行为，行成习，习成性，就能敬待上级、礼遇下级、友爱同级，成为人见人爱、花见花开的职场人。

己欲立而立人，己欲达而达人，则是更为广阔的恕之道。想要成就自己先要成就他人，不吝于提携下级，不吝于支持上级，不吝于协助同级甚至是竞争对手。在职场中，对同事吝啬自己的心与力，是一种通病，总不情愿看到同事比自己进步快，更遑论帮助他们进步呢？其实，携手同行、同舟共济不失为明智的选择。

职业生涯，岁月如梭，无论自己能否得到实惠，并肩作战、情同手足的同事难能可贵。

每一项事业都需要团队，而每一个团队都讲求共同进退，所以，立人立己，达人达己，是一种至关重要的团队精神。

历史上许多著名的帝王将相之所以能成就光耀千秋的功业，与他们善于为人伯乐的品德是分不开的。

萧何月下追韩信，造就了扫平乱世的一代名将韩信，也造就

了创造治世的一代名相萧何。

韩信刚到蜀中就犯了杀人罪，要被斩首时，监斩官夏侯婴发现他气度不凡、骨骼精奇，于是推荐给萧何。多次促膝长谈之后，萧何认定韩信有军事天才，必将成为不世出的名将，于是推荐给刘邦。萧何毫不吝惜溢美之词，称赞韩信国士无双，并请求拜之为将。不料，刘邦嫌弃韩信的出身，因为韩信曾有乞食漂母、钻人胯下的经历，不肯拜将，还嘲笑萧何没眼光、小题大做。然而，萧何愈挫愈勇，极力保举韩信，并上演了一出月光下的速度与激情，留住了韩信，打动了刘邦。接下来的戏码，大家也都耳熟能详，登坛拜将，暗渡陈仓，……，成也萧何、败也萧何。

可以说，若无那一夜的策马扬鞭，也就不会有仅在四年之间就逆天改命的韩信、刘邦和萧何。

春秋第一霸主齐桓公是如何诞生的？多亏了管仲。春秋第一名臣管仲又是如何诞生的？多亏了鲍叔牙。

管仲说，生我者父母，知我者鲍子。

鲍子和管仲年轻的时候一块做生意，管仲这小子投钱不多，利润却拿得多，别人骂他贪得无厌，吃亏的鲍子不以为意，因为他知道管仲家里穷、急用钱；后来，管仲率兵打仗，冲锋时，他躲在最后，逃跑时，他却成了带头大哥，别人笑他贪生怕死，鲍子挺身而出为他辩护，理由是管仲家里有八十岁的老母要奉养；再后来，管仲成了齐桓公的阶下囚，鲍子非但没有放弃这个朋友，还向齐桓公力荐管仲取代自己的相位，自己则甘为管仲的下级。

鲍叔牙的行为，很多人恐怕是不能接受的，推荐管仲做自己的下级尚可理解，而让曾经的小弟成为自己的顶头上司简直是不可思议的事。这就是传说中的高风亮节。其实，鲍叔牙并不傻，反而颇具智慧。“中国好知己”鲍叔牙非常明白，管仲的治国材能在自己之上，成就管仲，方可成就齐国的强大，从而保全自己的富贵，实现自己的梦想。

管鲍之交，流传千古，鲍子遗风，世人仰慕。鲍叔牙知遇管仲，为恕道的一次经典的成功案例。

己欲立而立人，己欲达而达人，给别人机会，也是给自己机会。

恕之道，推己及人也。

工作以诚

——诚之道

《礼记》说，诚者，天之道；诚之者，人之道。意思是，诚实、真诚、诚信是天之道，而实现这种品质则是人之道。

《礼记》还说，诚者，物之始终，不诚无物。

孟子补充说，反身而诚，乐莫大焉。

荀子补充说，君子养心莫善于诚，致诚则无他事矣。

一千年以后，写《爱莲说》的周敦颐又补充说，诚者，圣人之本。

可见，诚这个字，在儒家思想中有着极其重要的地位。诚相对伪而言，就是说做人要做真人，不做假人，做事要做真事，不做假事。

生活需要诚，工作更需要诚。求真务实即是此意。

现代社会娱乐业发达，明星炒作虽然见怪不怪，却影响着时代风气。什么叫炒作？即是小题大做，正题歪作，甚至捏造事实、无中生有。做明星也是一份工作。他们的工作职责是唱好歌、演好戏、做好偶像，然而，有些许艺人为了提高知名度，不务正业，成了造假高手和作秀专业户。比如，有的明星婚姻已然破裂，却在网络上大秀恩爱，有的明星暗暗地涉足毒品，却在电视上高喊禁毒口号。

《人民日报》曾发表社论批判假新闻和不实报道，批判某些记者因急功近利而败坏职业道德。显然，社会主流是痛恨不诚之事、不正之风的，因为社会的发展容不得虚假二字。

所以，诚之道的内容不仅仅是守信重诺，还有真实和真诚。

中国有句古话叫“满口道德文章，满腹男盗女娼”，专讽古时候那些表里不一、说一套做一套的文人、学究和官员，可谓一针见血。

唐朝有位恶名昭彰的宰相，他的名字叫李林甫，和杨贵妃的堂兄杨国忠堪称唐玄宗时代的官场双煞。杨国忠以愚昧著称，而李林甫则是以奸猾扬名。人们常用来批判不诚之人的成语“口蜜腹剑”就是因他而发明的。

李林甫对待同事嘴巴上像抹了蜜，而背地里却罗织罪名构陷无辜，仿佛肚子里总是藏着柄利剑，随时掏出来伤人。

李林甫，小字哥奴，出身宗室，精通音律，和喜欢音乐的唐玄宗可谓趣味相投，故而平步青云，成为玄宗朝柄权最久的宰相。少年得志，官运亨通，却偏偏不诚于事、不真于职，大权独揽，堵塞言路，排斥异己，嫉贤妒才。据说，他尤其憎恨文学之士，口蜜腹剑的江湖绝技往往用来对付那些大才子，先是和他们交好，让人受宠若惊，转眼间就把人往死里整。

因为奸诈过头又欺人太甚，李林甫树敌极多。当他曾经的小兄弟杨国忠向他祭起黑刀的时候，朝廷的同事们群起而攻之，弹劾的奏章堆积如山，都能把他给压扁，唐玄宗不办他都不行。也许，他是幸运的，那时他已死，只是被削官改葬，但他的家人是不幸的，统统被流放，连坐牢也要到很远很远的地方。

说来可笑，李氏一生以诬告他人为能事，他的在天之灵坠下地狱竟是因为杨国忠诬告他谋反。至于杨国忠为什么非要构陷一

个死人，那就是千古不解的心理之谜了。

李林甫的职业生涯就是一场滑稽剧。他曾亲手炮制了“野无遗贤”的闹剧，对皇帝撒谎说，民间已无人才，从而堵死了爱国大诗人杜甫的科举之路和报国之门。倘若身居高位的李林甫有些许宰相气度，待人以诚，为官以真，大概就不会躺进棺材还被人挖出来，也不至累及家人。史料记载，安史之乱的爆发和李林甫有很大关系。

不独是古代的李林甫之流，现代职场的许多人也因为不诚而使自己的工作毁于一旦。假文凭、假论文之类的事情就不必说了，对工作的敷衍也是一颗毒瘤。古代的农民有一句堪比真理的大实话流传下来：人哄地皮，地哄肚皮。

我们若是以一种虚无缥缈的态度对待工作，那么，工作也不会带给我们想要的各种实惠。

不欺于工作，正是不欺于自己。

工作苦短，何不以诚？

立身以信
——信之道

诚者，不可无信；信者，不可无诚。

诚，强调真实；信，强调重诺。

重诺，就是重视对他人的承诺，言必信，行必果。行必果，即兑现承诺，叫作践诺。

古代有一种人叫刺客。春秋战国时代的刺客之所以能在司马迁的《史记》里独占一地，不是因为他们的刺杀行动多么惊天动地，而是因为他们生而重诺的品质和以死践诺的勇气。

荆轲刺秦，图穷匕首见，在司马迁看来并不高明，但是，荆轲明知必死，还勇敢地赴汤蹈火，既为天下除暴，更为报答燕太子丹的知遇之恩，这种精神是让太史公感动的。

刺客的信条是士为知己者死。为什么要如此？因为承诺。一饭之恩，当涌泉相报，更何况知遇？当有人理解、器重他们的时候，他们就在心底默默承诺，我一定回报你。

和荆轲一样让人荡气回肠又扼腕叹息的著名刺客还有豫让、庄诸、要离和聂政，他们慨然赴死，虽千万人我往矣，就为胸中的那个信字。豫让为了报答智伯的知遇之恩，毁掉容貌和声带，装扮得像乞丐，隐藏自己以便接近赵襄子，手刃仇人。巨大的牺牲，只为告慰智伯的在天之灵。在常人看来，豫让的脑子似乎缺根筋，做那样的事情完全没有必要，然而，对于豫让而言，回报知己，是他必须兑现的承诺。

这些刺客，既非生而为刺客，也非以刺客为职业，却能舍身取信、杀身践诺，可见，信用和承诺在古代文化中的影响何其之大。刺客没什么文化，尚且能成为信之道的忠实信徒，更何况饱读圣贤书的读书人？

在古代，当读书人进入了他们的职场，也就是官场，等同于对百姓、对朝廷、对皇帝、对自己的人生许下了报效国家的承诺。他们一生孜孜以求的就是兑现这个承诺。明朝的文官最讲文人的节操和骨气，所以，这个朝代，和奸臣阉党乃至皇帝以死相争的文官是最多的，他们捍卫的是信念，也是信用。

那些了不起的将军为什么会有马革裹尸的决心？因为成为职业军人的那一刻，他们便立下了驰骋疆场、有进无退的誓言。汉武帝要为战功赫赫的霍去病张罗亲事，霍去病却拒绝了，他说，匈奴未灭，何以为家？灭匈奴，是他给汉武帝和大汉朝的承诺。为践此诺，戎马倥偬，最终年纪轻轻地病逝于远诛犯汉者的征程中。

古人云，待人以诚，立身以信。一诺千金这个成语，之所以流传千古，便是因为他能给人们的心灵注入一股强大的力量。一个重信义的人，在自己的人生发生危机或者获取成功的关键期，往往会获得生死肉骨或者锦上添花的收益。

一诺千金的典故，来自《史记·季布列传》。季布是项羽的大将，楚汉之争时，多次让刘邦陷入险境，所以刘邦称帝后，悬赏千金购买季布人头。季布荣登汉初的一级通缉令，到处都是要杀他暴富的赏金猎人，危在旦夕之际，一位周姓朋友向他伸出援手，将他装扮成奴隶，安置在当时的豪侠朱家那里。朱家不仅善待他，而且还游说刘邦的亲信夏侯婴，通过多方努力，使刘邦赦免了他。此后，季布入汉为官，历经三朝，有功于汉。土豪周某人和大侠朱家为什么甘冒死罪帮助季布这样的落难凤凰？原因只有一个，季布是一个重然诺的人，当年的楚国有一句谚语：得黄金百斤，不如得季布一诺。

一个人的一句承诺能值千金，一定因为他说到做到，绝不食言。为何有些人能言出必行，而有些人却轻诺寡信呢？有一个很重要的原因是，重诺之人不轻言。他们在答应别人某件事情之前，必先深思熟虑、慎之又慎，不做无把握之事，他们明白，轻许承诺无异于自欺欺人。所以，重然诺，也是自知自信的表现。

我们在工作时，签下各种合同，比如劳动合同、保密协议，其实就是在职业生涯中对自己、对企业许下的承诺，不可谓不庄严郑重，而在这之前必须认真谨慎。一旦签了这些协议，就不能不对工作对企业承担责任。如果诺而不践，不仅是辜负企业的信任，也是对自己青春的挥霍。

失信，是现代职场常见的现象，职责所在，以各种借口拖沓敷衍，做出承诺的工作却不当回事。所以，一些能做强做大的企业都有一条不成文的规定：按点交卷。即到了既定的时间，必须完成既定的任务。要准时准点，也要保质保量。

在工作中一诺千金，是职业成长的必由之路。韩信之所以成为韩信，因为他以非凡的勇气和超人的智慧践行了他在登坛拜将时对刘邦的诺言：君既任我执斧钺，我必为君平天下。而勇气和智慧来源于韩信之信，想尽一切办法，用尽一切力量，也要兑现那千金一诺。

韩信身上也确实发生过一诺千金的故事，这个典故又叫一饭千金、一饭之恩。韩信年轻的时候抱持理想、不事生产，差点饿死在江边。幸而有一位漂母，也就是浣洗衣服的妇人，给了韩信一碗饭，让他活了下来，之后又时时接济他，韩信感动之余，许下一诺：来日功成，我必重重回报你。后来韩信做了楚王，不忘当年之诺，果然持千金送漂母。

大英雄，自诚信；真君子，必重诺。

职者，德也

克己功夫
——廉之德

世上黄金贵，清廉价更高。

工作中的廉洁自律，不仅是法律的规定，也是道德的要求，不仅是为官为吏者应当如此，所有行当的从业者都该如此。

屈原在《招魂》里写道，朕幼清以廉洁兮，身服义尔未沬。东汉的学者为之作注时说，不受曰廉，不污曰洁。

不受不应之物，不污清白之身。周敦颐以莲喻廉，认为君子的品德以廉为贵：出淤泥而不染、濯清涟而不妖。

然而，历史的官场上，贪墨的多，廉洁的少。廉之所以贵，似乎是物以稀为贵。的确，说到古代贪官，我们可以信手拉出一串名单，和珅、严嵩、陈自强、李绅、石崇、许攸、梁冀、赵高，数不胜数，而清廉典范却屈指可数。

唐朝著名的小说《教坊记》提出了这么一个问题，可谓千古一问：夫以廉洁之美，而道之者寡；骄淫之丑，而陷之者众，何哉？

是啊，为什么呢？

其中一个重要的原因是人性。荀子认为人性本恶，人生来是趋利避害的，而欲望则是人心与生俱来一颗肿瘤。

这颗肿瘤，是良性还是恶性，最终能否摘除而不使灵魂陷于绝症，最关键的就是看人们如何对待它。

贪者，墨也。大凡贪者，都会寻找各种借口来把自己的心灵一点点抹黑，比如，穷怕了，比如，很安全，没关系。于是，壮起胆子放任欲望，终于导致欲壑难填。

严嵩是明朝最资深的巨贪，古稀之年，贪赃不已。别人是老当益壮，严嵩是老当益贪。他给自己的理由很简单，皇帝特别宠信我，不怕。有恃无恐，自我麻痹。他还拽着儿子一起贪，拼命地贪，忘我地贪。严氏父子成了当时奸贪和嚣张的代名词，也自然成了正义的士大夫们反贪除恶的不二之选。结果，儿子被皇帝砍了头，自己白发人送黑发人。严嵩的下场，说来很有意思。皇帝嘉靖知道他贪黩成性、嗜财如命，于是，没收了他所有财产，并将他削职罢官、扔回家乡。嘉靖不杀他，并非是顾念旧情。这是最狠的惩罚方式。你如此爱钱，我就让你一无所有。之后的两年，严嵩变成了乞丐，老乡们恨他，不怎么施舍，于是他乞食墓舍。为官时，他大概盘算过棺材里放多少金银珠宝，死的时候却连棺材也没有。悲哉，悲哉。

一旦贫字变成贪，难免贪字变成贫，此谓天理循环。

顺带提一下，严嵩的儿子叫严世蕃，他的身材和父亲形成鲜明的对比，严嵩奇瘦，严世蕃奇胖，史载，短项肥体。但这父子俩却是一样的贪。职位只是侍郎的严世蕃贪胆极大，公然叫嚣：皇帝的儿子都要给我们送钱，谁的钱我不敢收？后世有学者称他为明代第一鬼才，可见他是极聪明的。然而，鬼做久了，总会遇到钟馗。一个人聪明太大，而贪心不扼，纵然机关算尽，也会误了卿卿性命。

廉者，白也。大凡廉者，都会修炼一门功夫来保证自己的品行清白若水，这门功夫的名字叫作克己。

朱熹说，存天理，灭人欲，林则徐说，壁立千仞，无欲则刚，都是指对欲望的克制。

诚然，克己并不容易。非但不容易，还是一件很痛苦的事。

严嵩有一个同事，姓海名瑞，字汝贤，号刚峰，人称笔架山。他和严嵩并没有什么交集。严氏父子在北京狂贪海贪、胡作非为的时候，他还在边远地区做教育局长，不久被破格提为县长。海瑞一生以刚正闻名，这个优点太大，仿佛掩住了他的另一个优点：清廉。正和清是双生兄弟，清者必正，正者必清。唯正，方能向内克己自守；唯清，才可向外抵制诱惑。

海瑞清廉克己，对自己是极为刻薄的。他的生活非常俭朴，俭朴到令人发指，一个官员怎么能这样亏待自己呢？海瑞的回答是，习惯就好。几十年如一日，几乎每餐都是清菜豆腐，为了节约开支，他还躬身种青菜，他可是个标准的读书人啊。百姓戏称之海青菜，是戏称，也是爱称，和人们在戏曲中对他的敬称海青天可谓相得益彰。

海瑞也不是不吃肉，但是酒肉之类的奢侈品，他只有在遇到母亲过生日这样的大事时才偶尔买一买。海瑞自己瘦成了一道闪电，也一不小心苦了家人。

为什么生活要过得这样清苦呢？

一则，明朝低薪养廉，官员的俸录有限，如果只是孤身一人，吃肉喝酒的频率是可以高一些的，但海瑞到哪当官都是拖家带口的，老婆孩子加老妈，据说还有一个老仆跟着，所以，经济上捉襟见肘，多吃青菜少吃肉是必需的。

二则，海瑞是在借这种生活方式锤炼自己的职业品性。习惯了清贫之境，才能恪守清廉之道；吃惯了青菜豆腐，住惯了竹篱茅舍，才能有一颗安贫乐道之心。

关于海瑞的廉，各种史书大写特写的是他的身后事。海瑞是死在南京都察院右都御史任上的，得知噩耗赶来的同乡苏民怀出于好奇翻看了海御史的竹箱，惊讶地发现朝廷大员的全部家当只有俸银八两、麻布两丈、旧衣数件而已。这样两袖清风、一生不改的官员，不仅让同僚感叹，更使皇帝钦佩。历史上以昏庸著称的万历皇上下旨厚葬海瑞，谥号忠介，彰其刚直清正。

唯克己者，能廉洁能奉公。

如何做到克己呢？特别是在工作中邂逅各种诱惑之时。

海瑞之所以能对小葱拌豆腐的生活习以为常，那是因为掌握了清廉之道的不二法门。

这个不二法门叫做职业信仰或者职业信念。

海瑞的职业信仰是四个字：天下国家，而我们的职业信仰呢？

当一个人缺失了职业信仰，或者把所谓多多益善的金钱当成了信仰，那么在工作中又如何不贪不腐呢？

反过来说，人如果不能坚守清廉底线，又怎么树立职业信仰呢？

人贵自知，公贵明
——明之德

《大学》里说，君子之道在明明德，在亲民，在止于至善。明明德，就是使高尚的道德明于世人。

何谓明？东汉朝出版的字典《说文解字》中讲，明者，照也。能照亮别人，也能照亮自己，就是明。

那么，如何修养自己的明之德呢？

古人云，自知者明。

人贵自知，特别是在工作之中。知道自己的优点，知道自己的缺陷；知道自己的长处，知道自己的短板；知道自己的方向，知道自己的现状。认真地摸索自己，虔诚地修正自己，而后，才能坦荡荡地释放自己。

不必感慨，明明如月，何时可掇，明者，由己不由人。

战国时期，齐威王的相国邹忌以善于讽谏而流芳青史，还光荣入驻现代的高中语文课本。邹忌之所以能屡屡讽谏成功，一来是他了解齐威王的性格、思想和心态，有知人之智，二来则是他了解自己，有自知之明。那么，他了解自己什么呢？

邹忌或许本是乐师，出身不高，相当于后世说的伶人。他因为一次借弹琴讽谏而受到威王赏识，畅谈三天后拜为相国。他很明白自己是如何上位的，也明白自己在威王心目中的角色，虽然贵为一国之相，却终究不是功臣宿将，倘若直言进谏触龙鳞，很可能适得其反。清朝时乾隆的宠臣、大学士纪晓岚力谏乾隆不要进行劳民伤财的南巡，却遭皇帝怒斥：你在我眼里不过是个伶人，南巡之事轮不到你说三道四。伴君如伴虎，天威高难测。因此，想说且敢说的邹忌必须讲求劝谏的方式。于是，邹忌便以讽为谏，引导威王修正自己的错误、过失，使一国之君做到海纳百川、从谏如流。

什么是讽？讽不是讽刺，而是委婉地向他人提出建议。很多时候也会用上文学手法。邹忌讽齐王纳谏，就用了寓言和对比的手法。他劝齐威王广开言路、不可蔽目塞听，并不直说，而是先讲一个发生在自己身上的和城北徐公比美的故事。他说，身边的亲朋夸他比徐公漂亮，是因为爱他、怕他、有求于他。举一反三，同理可得，威王的处境也是如此，很可能听不到真话，所以要积极地鼓励进谏。显然，邹忌的讽，威王很受用，于是，昭告全国，重赏能指出国王缺点和国政缺失的人。之后，王宫门庭若市，排满了前来找茬的人。这种做法，使得威王耳聪目明，使得齐国政治清明。

邹忌的职业智慧源于他的自知之明。基于清晰的自我认知，采取了合适的正确的工作方法。试想一下，如果邹忌自以为是，对领导直言不讳，很有可能一不留神得罪齐威王，非但劝谏不成，甚至罢相丢官，因为邹忌的政治底子太薄，弹了一次琴，就平步青云，是很容易被拉下马的。他灵活地运用了自己弹琴的这项专业特长，把它和齐国的政治工作巧妙地糅合在一起，以琴喻政，以弹琴论治国，不费吹灰之力便敲开了齐威王的心门。

职业之路，自知而明，才不会乱弹琴。

明镜高悬

古人云，廉生威，公生明。

培养明之德，除了自知之外，还有一点很重要，那就是修得一颗大公之心。

无私者谓之公，大无私者谓之大公。也就是说，在工作中，要尽可能地摒除私心杂念。很多时候，我们往往因为过多的利益考量和心理纠结，而错过了工作给予的成长机会。当然，这是一个选择性的问题，并不是说一定要为了工作而放弃自己的生活和个人利益，而是说怀抱着一颗公心，将心灵的天平向工作多倾斜一些，尽力付出，正直公允，我们的职业生命会有意想不到的收获。

宋朝的包拯享誉天下千年有余，为什么一个读书人能受到历史如此厚爱？现代电视剧里断案如神的包青天只是一种被严重加工的传说，正史上的包拯感动中国的是他的职业道德，倾尽一生之力，至公至明，甚至是临终前还不忘为国家尽一份心。他给儿孙的遗嘱被千古传诵，他是这样说的：后世子孙仕宦有犯赃滥者，不得放归本乡，亡殁之后，不得葬于大茔之中，不从吾志非吾子孙。

人们解读这段著名遗嘱时，大抵都认为它是包氏的廉洁家风，其实，它更是古代读书人士大丈的职业精神。为国家计，严禁家人贪赃，不希望后代在工作之中因私废公，这不是至死不渝的职业精神，又是什么呢？

不偏于己，不袒于亲，不昏昧于私念，不暗懦于忧惧，因公而仁，因公而义，因公而智，因公而勇，这就是公生之明。

自知之明加上公生之明便是止于至善的明明德。

明清的几位名臣，杨廷和、于谦、徐阶、海瑞、张居正、于成龙、张廷玉、刘统勋、曾国藩，他们的职业生涯便是在明明德的思想指导下日新月异的。

名副其实很重要
——正之德

提到正这个字，大家能立刻想到的大概是正气、正义、正派、正心这些词。不错，这些都是正之德的重要内容，然而，有一点人们常常忽略，那就是正名。

古代有一个名词叫名教。像儒教和礼教一样，它的意义不是教派，而是一种儒家的思想道德体系。本是名号和教化的意思，后来演化为治国观念和道德守则。西汉大儒董仲舒提出“审察名号，教化万民”，目光独到且长远、脑子好使且开阔的汉武帝欣然接受了这个儒家观点，快速地将之推广到全国，并规定为具有国策地位的治国理念，世代相袭，对大汉朝的长治久安起到了一定的作用。汉朝以孝治天下，每个皇帝的谥号都有一个孝字，即是汉行名教的表现之一。名教的主要内容，是我们熟知的三纲五常：君为臣纲、父为子纲、夫为妻纲和仁义礼智信。

名教的指导思想，是两个字：正名。

什么叫正名？一则名实相符，名副其实，二则严守名号，不得有误。但在汉朝及其后重视儒家的朝廷却把正名玩偏了，只重严守名号，不重名实相符。比如，君君臣臣，父父子子，对这句话，汉朝给出的解释是，君王就是君王，臣仆就是臣仆，父亲就是父亲，儿子就是儿子，后者对前者不得有任何不满和反对，然而，先秦儒家的本意却是，君王就要有个君王的样子，臣仆就要有个臣仆的样子，父亲就要有个父亲的样子，儿子就要有个儿子的样子，君与臣、父与子都要履行彼此的天赋之责。所以，孔子曰，君使臣以礼，臣事君以忠；孟子说，君视臣如手足，臣视君如腹心，君视臣如草芥，臣视君如寇仇。

后世对正名之道的断章取义，渐渐形成了极为森严的等级制度，极度地扭曲了人性，故而，鲁迅先生才在小说里痛斥吃人的礼教。礼教的严守贞操和名教的严守名号差不多是一个概念。

礼教也好，名教也罢，都是封建专制的产物，现在自然要摒弃，但是，先秦儒家的正名思想在今天依旧有重要的意义，特别是对我们的工作。

孔子曰："名不正，则言不顺；言不顺，则事不成；事不成，则礼乐不兴；礼乐不兴，则刑罚不中。"名正言顺，是儒家的理想，也是我们职业生命中应该有的追求。

简而言之，真正的正名，就是享有怎样的地位和权益，就要践行相应的责任和义务。例如，你是一家公司的高管，就要胸怀企业，既要做好分内的工作，也要以主人翁的精神去面对企业的各种困难，忧公司之忧，必要之时，挺身而出，此谓当仁不让。

明朝中叶有一个皇帝年号正德，人称正德皇帝。虽名正德，却相当没有正之德；有皇帝的架子，却没有皇帝的样子；享尽皇帝的权力，却未担皇帝的职责。说来很有趣，他突然对军事起了兴趣，就封自己为大将军，据说，还刻了个大印：大将军朱寿印。他未经大臣同意，私出京城，跑到边区去指挥打仗。虽说表现出了一定的军事才能，将如狼似虎的敌军抵御在了国门之外，但终究是冒险，终究是胡闹。因为事关社稷安危，皇帝是不能率性而

为的。后来更有意思，江西的宁王造反，他兴冲冲地带着大队人马从北京一路扰民南下，所到之处，鸡飞狗跳。可是，刚到南京，就传来消息：王阳明抓住了宁王朱宸濠，平定了叛乱。这本是喜讯，但在正德皇帝这里却成了噩耗。皇帝很生气，后果很严重。他居然下令把朱宸濠放回鄱阳湖，要亲自和叛贼打一仗。幸好大臣们好说歹说把他给拦住了，可是御驾亲征的瘾还是要过一把的。于是，大臣们就安排他在非常严密的安保条件下和朱宸濠单挑，手到擒来，方才作罢。

正德是一个名不副实的皇帝，并非因为他如同可怜的汉献帝那样被架空、被操纵，而是因为他集大权于一身却不务正业，典型的身在职中不履职、身在福中不惜福。也许是连上天都觉得这个天子太不安分了，早早地就把他召回了天庭。宁王之乱后，正德在回銮的路上溺水，不久即离开人世，享年二十八岁。

历史上类似正德、甚至比他还不称职的皇帝可谓多如牛毛，而不把工作当回事的大臣更是数不胜数，居其名而不任其责，在其位而不谋其政，弄其权而不行其道。毫无疑问，尸位素餐，是人生的悲哀。

在工作中，名实不符，领导不像领导，员工不像员工，如何能把一个企业一个机构发展壮大，又如何能让职业生命光荣绽放呢？

名不能正，谈何正心诚意、修齐平治？

所以，正之德，正名为先。

曾国藩说
——勤之德

勤，不仅是职业的行为表现，更是职业的品德修养。

勤，不仅是四肢要勤快、脑子要勤快，更重要的是心要勤快。

勤，关乎做事，也关乎做人。

曾国藩一生最大的成就，不在军事，而在学问，不在政治，而在修为。他是做事的楷模，也是做人的榜样，特别是在勤的方面，这点是学界公认的。

曾国藩说，人生须五勤，一曰身勤，二曰眼勤，三曰手勤，四曰口勤，五曰心勤。

身勤，曾国藩强调的是，人在命途多舛时要勤于改变，努力破茧成蝶，而不是一味作茧自缚。他说，险远之路，身往验之；艰苦之境，身亲尝之。人生不可能是一条直线，尤其是漫漫的职业征程，既要上下求索，更要去自主地体验各种艰辛。

曾国藩在军中，必然天未亮就起床，效法东晋的祖逖闻鸡起舞，之后便练兵督训，办理诸项事务，哪怕天公不作美，他也风雨不改，似乎睡懒觉是恶行。曾国藩刻薄自己的逻辑是这样的：刀不锻则无锋，人不苦则无志。他也不让手下的将军们消停，他很正经地对他们讲：练兵之道，必须官弁昼夜从事，乃可渐几于熟。如鸡孵卵，如炉炼丹，未可须臾稍离。紧接着，他抛出了孔老先生的一句名言佐证自己的观点，子曰：其身正，不令而行；其身不正，虽令不从。勤于力行，把自己的本职做好；勤于身教，渐渐地影响身边的下属和同事。二者合一，谓之身勤。

眼勤，即是要善于发现。孙大圣的火眼金睛怎么来的？炼出来的。在现实的工作中，何谓炼呢？就是往细里看，不断地训练自己观人察物的眼光。作为领导的人，无论具体工作是什么，都同时肩负发现人才、提携下属的重要使命。而知人用人，必先识人。慧眼识人须勤看，渐渐形成一眼洞穿的特异功能。

有一次，奉命办练淮军的李鸿章带了三个人来找曾国藩，希望老师帮忙考察他们。曾国藩从他们身旁走过，也就是一眨眼的工夫，对三人便有了评定。他对李鸿章说，三人中的高个子是可以重用的。这位高个子即是后来的台湾省第一任巡抚刘铭传。曾国藩并不是瞎蒙的，他青睐刘铭传是有原因的，当时的刘铭传笔直而立、双眸正视、不卑不亢，有大将之风。

为什么曾国藩能够目光如炬呢？答案很简单，看人看细致，并和人的品性心态联系在一起分析。每每如此，养成习惯。此谓眼勤。

手勤和口勤，好理解。见事勤动手，遇人勤开口。工作中，少发牢骚多行动，若有疑难多讨教。俗话说，好的事是做出来的，对的路是问出来的。

曾国藩的两大爱好，是写日记和写家书。工作的问题，多与自己探讨；从业的心得，多和家人分享。别觉得这两件事很容易，千万别说，日记谁没写过，家书不就是信吗？要知道，动手容易坚持难。试问，几十年如一日地写日记，有几人能做到，现今的我们恐怕连天天发微博、发朋友圈也未必能坚持，当然，微商另

当别论。

曾国藩还有一个好的习惯，就是常与人促膝谈心。处理公事的过程中，如遇难题，或是在做某事的决定之前，都会在万机之中觅闲暇，与他人洽谈，该请教的就请教，该切磋的就切磋。放低自我，虚怀若谷，礼贤下士，不拘一格。著名的典故屡败屡战，就是他向左宗棠咨询如何向朝廷报告败绩的结果。

那么，心勤又是何意呢？

心勤者，勤于用心，勤于修心也。一方面勤于反思，一方面勤于自勉。改过迁善，镞砥括羽，坚定意志，突破万难。

毫无疑问，世事的磨炼，工作的砥砺，使曾国藩成了一个心比金坚的人。

太平天国战争结束后，曾国藩的弟弟曾国荃因为赫赫战功被朝廷任命为湖北总督，但是好景不长。曾国荃在湖北得罪了慈禧的宠臣，被慈禧多次严斥，有一些凑热闹不嫌事大的家伙趁机在慈禧面前指责他自恃功高、目无朝廷。一时间，谣言满天飞，曾国荃宛如惊弓之鸟，生怕自己用性命换来的富贵荣宠一日尽失。不仅封疆大吏的地位岌岌可危，甚至项上人头都可能不保，因此，曾国荃食不甘味、寝不安枕，精神极为焦虑，差点患上抑郁症。备受煎熬的曾国荃打起了退堂鼓。辞官还乡吧，他想，也许还能苟全性命。

弟弟的灵魂在陷落，曾国藩看在眼里，于是，他提笔写了一封家书。这封信并没有告诉曾国荃解决问题的具体办法，只是讲了讲自己的故事，职业生涯中的四次大失败。

第一次大失败，是考秀才。第一年名落孙山，第二年虽然中了，却是背榜秀才，也就是最后一名。这对他来说是奇耻大辱，

可是，他并没有怨天尤人，让以后的人生听天由命。相反，他恍然大悟，明白了自己曾经是多么自负而愚昧，从此，卧薪尝胆，发愤图强。他给自己立了一个规矩：每日作一文，每日赋一诗，每日读书二十页。

第二次大失败，是献丑于朝堂。做翰林的时候，有一次，曾国藩向咸丰帝汇报工作，不知是哪根筋搭错了，居然现场作图。有创意是好的，但是不能太随意。曾国藩的画画得太丑，引得满朝文武哄堂大笑。这以后，曾国藩告诫自己，千万不要做自己不擅长的事情，哗众取宠，往往贻笑大方。若要做，一定先要这项把本事练好。所以，后来曾国藩带湘军，因为不擅长军事，故而极重练兵，自己也勤读兵书。

第三次大失败，是著名的岳州之战。曾国藩兵败如山倒，羞愤之下欲投水自尽，幸而被幕僚拦住，仓皇狼狈地逃到一个寺庙里闭门不出。这一次，他自然又成了朝野的笑柄。痛定思痛，痛何如哉？多日反思之后，他做出了抉择。继续还是结束，坚持还是逃避，他的答案是：好汉不回头。

第四次大失败，是同样著名的九江之战。曾国藩同样兵败如山倒，战船被焚一百多艘，不过，这次他没有逃跑，因为他被抓了。之后他寻着机会逃到了江西，出于义愤，弹劾了江西巡抚和按察使。这次弹劾并非不对，却得罪了当时的江西官场。后来，他又被围困在南昌，孤立无援，因为江西的官员等着看他的大笑话，幸灾乐祸都来不及。所以，多年之后为湘军作传的王恺运说，曾国藩在江西的日子，是极为窘迫和悲苦的。在这种境遇下，曾国藩依旧是认真反思，努力改善和江西官员们的关系。

曾国藩以自己的惨痛经历来劝慰弟弟，提点他不要因噎废食、见难则避。不世之功不易立，不世之业必坚忍。坚忍二字，其实就是整篇家书的中心思想。

勤于修心，以达坚忍；勤于用心，以求破局。这便是曾国藩所谓心勤的要旨。

王阳明说，越是艰难处，越是修心时。抓住每一次艰辛困厄带给自己的机会，不要怕作茧自缚。试问，不作茧自缚，又如何破茧成蝶。关键是要勤修、勤用自己那颗破茧之心。

我们说勤，往往着眼于身勤，而容易忽略心之勤。其实，心是身的指引。心若懒，身又怎能不惰呢？

放在工作上讲，勤是一项重要的职业道德。曾国藩说，一勤天下无难事。